샘물 시조 시인선 102

석양 아래서

김순천 시조집

문학공동체샘물

샘물 시조 시인선 102
석양 아래서

발 행 일	
초판 1쇄	2025년 10월 20일
지 은 이	김순천
펴 낸 이	김운기 임화자
펴 낸 곳	문학공동체샘물
디 자 인	곽효민
등 록 일	2025년 2월 19일
등록번호	제2025-000030호
주 소	수원시 팔달구 화서문로 35, 3층
전 화	031-241-2321
팩 스	031-241-2322
전자우편	saemmul25@naver.com

ISBN 979-11-992167-9-2

이 책의 판권은 지은이와 문학공동체샘물에 있습니다.
양측의 동의 없는 무단 전재 및 복제를 금합니다.

석양 아래서

김순천

2025
샘물 시조 시인선 102

석양 아래서

차례

1부 — 초록 꿈 하나

봄에	11
이른 봄	12
2월 화성행궁	13
경칩 르포	14
3월, 월화원	15
4월	16
개나리	17
민들레의 꿈	18
자주닭개비 은유	19
쉼이 필요한 날	20
도쿄 진보초 책방 거리	21
작은 희망	22
팝송 'Fields of gold'를 듣다가	23
하얘진 기억	24
그런 날	25
손금	26
삼정헌에서	27
시 창작 적바림	28
팔달산 산책길	29
정근에 드니	30

2부 — 미소 한 움큼

어머님 전언	33
모란 열매	34
숲의 소리를 듣다	35
훼방꾼	36
6월	37
나도 인간이니	38
신안의 여름	39
엘도라도에서	40
그믐달에게 묻노니	41
파초 앞에서	42
열대야	43
어떤 이의 웃음	44
아버지 생각	45
순댓국을 위한 조시	46
7월을 보다	47
타오른달 비 갠 뒤	48
휴가지에서	49
삶	50
망초꽃	51
여름이 지나는 길 위	52

3부 — 다붓이 보듬어 안아

엄마 생각	55
태연사	56
배추의 독백	57
상사화	58
세월여류	59
소귀봉 만추	60
자시의 달	61
모자	62
여우 시집가는 날	63
격세지감	64
가을 여심	65
가을 한 잔	66
서정적으로	67
쥐똥나무꽃	68
혼돈	69
가을 시편	70
광교산	71
가을 낙엽	72
저녁 무렵	73
노을에 기대어	74

4부 — 느낌표 세운

매향리 일몰	77
세상을 두드리는 노래	78
길거리 바늘꽃	79
떡볶이 명상	80
백수의 푸념	81
동자꽃 심서	82
새벽 단상	83
그 여자의 시간	84
모탕의 독백	85
비 오는 날의 추상	86
가을장마	87
건망증	88
겨울, 화담숲	89
작지만 큰 기도	90
작지만 큰 기도 2	91
눈오는 저녁	92
매듭달	93
저녁 광교 호수	94
대비	95
설날 아침	96

- **시조 해설**   98
- **시인의 말**   114

1부

초록 꿈

하나

봄에

기다렸던 사람은 더욱더 반갑겠지
긴 삼동三冬 떠난 자리
화색이 지천인데
꽃노을 아래 선 나는
한기를 느끼네

입술 끝 떨리는 시간 웬 말인가
내 가진 생각
글로 펼치는 삶의 오후
잠자던 초록 꿈 하나
달그락거린다

이른 봄

설잠 깨니
한기 조금
느껴지는 새벽녘

우수와 두수 사이
여명이 찾아들면

배꽃은 피려 하는데
한 잔 차에
몸 녹네

2월, 화성행궁

신풍루 쌍태극을 왼편으로 문에 들면
긴 설한雪寒 견뎌 낸
몇 그루 매화나무
봄 틔울 준비를 하며 햇살 그러모으네

팔작지붕 추녀마루 위 보초선 잡상도
해빙의 언어로 정담 소리 높여가며
팔달산 꺼병이 불러
화기애애 흥겹구나

머잖아 가지마다 꽃망울 매달면
만상으로 새로운
빛나는 만화방창
희망이 비책 내놓듯 펼쳐 놓는 시샘달

경칩 르포

경칩에 덮인 전말 밝히는 르포르타주

 해토머리 개구리들 움츠리는 이유가 멀리 뛰기 위한 도약이 아니라 생강나무 꿈을 삼킨 무자치를 피하여 도망치려는 것이었답니다 바람이 미친 듯이 불던 날 지상에 발 붙일 데 없다며 울지도 못하고 입만 달싹거릴 때 대궁으로 선 갈대가 대신 울어주었답니다 정이월 봄 천둥에 가슴 먹먹해지면 목청 열고 후련하게 소리 지르라고 회색 구름이 알아서 무수한 빗금을 뿌려주었답니다 그럴 때마다 봄의 정령들이 세상을 장악하려고 빗금을 덥석덥석 삼키며 땅으로 내려와 생명 틔울 준비를 하였답니다 이상으로

 해빙의 언어 분주한 들녘에서 전합니다

3월, 월화원*

햇살을 타래 감고
화사하게 핀 산수유

노란 폭죽 터트리며
생명력 뿜는 자태에

지나던 시간도 빙긋
고조곤히 머문다

*
효원공원(수원 팔달구 인계동 소재) 서편에 조성한 중국식 정원

4월

신 벗은 섬돌 위로
따스한 바람 인다

분합문 열어 놓은
마루턱에 앉은 햇살

속진의
경계를 넘어
숨고르기 하나 보다

개나리

지난밤
아기별들
숨바꼭질하더니

깜빡 졸다 깨었나
앞뜰 담장에 빙 둘러

노란 별 매단 작은 꽃
함초롬히 피었네

민들레의 꿈

태생이 작다고 꿈마저 작을 쏘냐

세상 향한 항변인 양, 날마다 꾸는 꿈

태양을 밀어 올리는 원대한 주인공

자주닭개비 은유

짤따란 하루해에 화사할 여유 없이
외로움의 심로에서 무방비로 흔들려도
높은 집 여인네같이 도도하고 싶었어

어구미 뜨락 한편 등허리 휠 듯해도
보랏빛 현현한 시간을 삼키며
뼈 울음 같은 햇살을 오물대며 선 오후

식사하고 꾸역꾸역 밀려 나온 남녀들의
뒷모습을 망연히 바라보다 눈 흘기며
기억 속 편재해 있는 어느 한때 곱씹네

*
수원 인계동에 있는 생선구이 음식점

쉼이 필요한 날

밤새 앓은 몸살로 매시근한 아침결
외출을 하려다가 차림이 맞갖잖아
거울 앞 서성거리며 억지웃음 짓는다

가끔씩 해봄 직한 우스운 표정이나
이미 구긴 미간은 펴질 줄 모르고
육신은 움직거리기 싫을 만큼 울울하다

'휴가 중' 팻말이라도 내걸고
자신의 영욕을 한 꺼풀씩 벗기며
세월의 시험을 견딘 지친 하루 쉬어갈까

모든 건 마음이 지어낸다고 하는데
평정심 기울어 나약해진 정신으로
애틋한 연민 한 자락 시나브로 스민다

도쿄 진보초神保町 책방 거리
- 야기八木 서점에서

문을 열면 훅, 묵은 종이향이 몰려온다
한발 들여놓으니
매대 잔편殘編이 반긴다
한때는 궁구窮究한 진리 반짝였을 서책들

이제는 세월이 더께로 쌓였지만
숱한 이들 사이에서
고금古今 사리事理 우쭐대며
지금도 지지 않는 별로 반짝대고 싶을까

자유마저 선택되는 사각의 적요 길고
책장의 얼룩마저
유서 깊어지는데
침묵의 입 언제까지 다물고 있을 텐가

낯섦도 익숙한 듯 책꽂이 앞에 서면
소실점으로 이어지던
뭇 책들의 이름들
침묵이 새기는 뜻을 마음으로 읽는다

작은 희망
- 비 오는 학교 앞에서

장대비 내리는
어린이 보호구역

교통 안내 호루라기
삑삑 소리 커지니

발돋움 어린 꼬마들
밝은 미소 부시다

팝송 'Fields of gold'를 듣다가
- 새벽 창가에서

오늘은
어디에서 바람이 불어올까
연록 빛 일어서는 봄 산모롱이 아니어도
황금빛 흐드러지는 가을 들녘 아니어도

적막강산 여림심연* 막막하지 않다면
인두령人頭嶺 타고 넘어 목덜미 휘감는
바람에
매일 잔기침 일어도 좋으리니

짙푸른 새벽빛을 만나는 오늘은
허락 없이 창을 넘는 찬바람 맞아도
남은 생
무상심無常心 접고 감사기도 올린다

*
如臨深淵   깊은 못에 임한 것 같다는 뜻, 아슬아슬하고 위험한 일이나
            상황을 이르는 말

하얘진 기억

화장지를 칸 칸 뜯어 모서리 맞춘 후
바구니에 차곡차곡 담아 놓는 팔순 노모
대단한 일을 하신 듯 흡족하게 웃는다

신문지도 포대 황지도 허투루 못 버리고
아끼는 걸 습관처럼 허리띠 졸라매던
젊은 날 삶의 단편이 뇌리에서 꿈틀댄다

귀하게 꺼내지만 지금은 흔해진 것들
가난이 옹이로 자란 고달팠던 흔적들
기억 속 보물단지로 봉인된 지 이미 오래

바늘 돋는 가슴을 그러안고 살면서도
젊을 적 고생은 사서도 한다셨던
생기론 엄마 음성이 새삼 되우 그립다

그런 날

오늘을 놓치고
사람도 놓친 날

슬픔이 바닥으로
곤두박질치던 날

시치미 떼는 길에서
갈팡질팡 거렸다

손금

누설할 수 없는
천기를 담고 있지
심장이 살아서
맥박 뛰게 하는 역사
그 사이 격정의 세월
생의 실선 잇는다

거스를 수 없는
세월을 품고 있지
현재와 미래의
칠부 능선쯤 머물러
신국판 소설을 쓰듯
새겨지는 나의 길

삼정헌에서

석간수 끓인 물에 차 한 잔 우려 놓고
두물머리 풍광을 바라보고 있노라니
운길산 중턱에 미소 꽃 한줄기 피어난다

어쩌다가 꿈이 말라 목마른 시인이여
차의 색·향·미가 오감을 깨우듯
한 줄 시 구절로 잠자던 상념을 깨워라

마음에 고여 들려 하였던 젖은 말들
침묵으로 가두어 더부룩해진 말들
이제는 가장 낮은 귀로 들을 수 있게 하라

마시다 남은 식은 차를 보며 생각하네
좋은 때 있으면 덜 좋은 때 있다는 걸
그래서 시절을 맘껏 누려야 한다는 걸

뉘엿뉘엿 해 지도록 오래 앉아 있다가
시답잖은 시시한 생각을 해보네
명징한 종소리 머릿속 가득 울려 퍼지네

시 창작 적바림
– 류근* 교수님 가라사대

헛된 것을 부수고 바른 것을 드러내라
한 줄을 쓰더라도 지극히 써야 한다
운문의 형식 긴장감을 놓치면 안 된다

내면의 욕망을 투사할 수 있게 써라
뜻이 전달되지 않는 메타포는 곤란하다
시인의 좋은 경지는 능청이니 명심하라

평소에 쓰지 않는 생각과 문장을 써라
어디까지 언어를 허용할지 생각하라
황당한 시는 읽고 나서 '뭐래?'라고 한다

관념체를 극복하고 결론을 내려 마라
우주의 그물에 걸리는 게 없나 보라
나, 나는 '하늘이 붓을 준 사람' 당당하라

*
중앙대학교 예술대학원 교수, 노래 '너무 아픈 사랑은 사랑이 아니었음을'의 작사가

팔달산 산책길

  관성만 남은 일상 툭툭 털며 걷는다

  어제와 다를 게 없는 오늘 별 기대 없이 가자니 흙먼지 팔딱대며 따라온다 쭈뼛쭈뼛 귀가 서는 나무들 초록의 수어로 낯설지 않게 붐비고 낮게 나는 산까치 서넛 콧노래 부른다 세상의 길목이 모두 닫혀도 언제나 통하는 명징한 길 서장대 위에 높은 명도로 걸린 석양놀 한 폭 당겨 따뜻하게 품어 안는다

  내 앞에 펼쳐진 하루 온몸으로 춤춘다

정근正勤에 드니

마모와 퇴화로
잊히는 게 있다면
상실과 무의식에
선명해지는 게 있다
세속의 명리를 떠나
함묵하는 문장들

유한적 욕구 넘어
열반에 든 세포들
시간을 거슬러
자취 찾아 나서면
이따금 풍경소리만
잠든 시간 깨운다

2부

미소

한
움큼

어머님 전언傳言

　날 흐리고 눅눅한 바람이 불어온다

　이런 날이면 "애미야! 개미장 섰다 비설거지 하자"라는 어머님 말씀 듣는다 부리나케 빨래 걷고 장항아리 뚜껑 닫고 고추 멍석 대충 말고 뒤쓰레질 한다 그리고 마당에 나가면 제 몸보다 몇 배나 큰 짐을 지고 줄지어 가는 개미들을 만난다 그런 후엔 영락없다 얼마 지나지 않아 후드득후드득 빗소리 들린다 지혜만으로도 현명하게 사셨던 어머님 나도 그 시절 나이에 머무는데 채반에 넌 고추가 빗물에 젖도록 모른 채 손녀와 노느라 정신 팔린 밤

　"애미야" 불러주시던 어머님 음성 그립다

모란牡丹 열매

모란꽃 이울어
진자리 자리마다
녹 푸른 불가사리
매달아 둔 이유는
새날의 기대 담뿍 담은
희망 보고 이러니

세상에 온전한
내 것이 있었던가
움켜쥐려 했던 날도
지나고 나면 그뿐
잉태한 말 없는 꿈들
기약하는 손가락

숲의 소리를 듣다
- 봉곡사 천년의 숲길*에서

귀 바짝 세워 하늘 끝 향한 나무들
자유를 갈망하는 저마다의 모습 같아도
우리는 너나들이로 무간하게 지내요

때때로 울창한 숲 그늘에 마음 뉘고
옹두리로 드티어 어기대는 생각 펴면
선지식 말씀 떠올라 참선의 깃 세웁니다

다녀가는 하 많은 시절 인연이여
즈믄 해 이어온 초록의 숨결로
시간에 얼룩진 마음 맑게 헹궈 가세요

게송偈頌 한 줄 읊조리며 여유로이 걸어도
가벼운 맨발로 느직이 걷다 쉬어도
눈인사 한 번 오가면 하루가 넉넉합니다

*
충남 아산시 소재

훼방꾼

토란잎에 고이 맺힌 마알간 이슬방울
신기하여 요리조리 굴리며 보노라니
어디서 뛰어 올랐나 청개구리 한 마리

큰 눈을 껌벅대며 주변을 살피다가
짧은 혀로 할짝할짝 이슬을 먹어 치우고
미안한 내색도 없이 냉큼 뛰어 사라지네

아무리 주인 없는 양식이라 하여도
모처럼의 볼거리를 방해하고 먹튀 하며
주변은 아랑곳없이 시침 떼는 고얀 者

6월

  아까시향 진동하던 푸른 언덕 너머로

  밤꽃향 짙어갈 즈음이면 여름도 익어가지 낮은 산자락 돌아 꽃 입술로 바람 불어오면 찔레, 산수국, 작약, 개망초 무리 제철 만난 기쁨에 저마다의 언어로 환호하며 언제부터인지 내 안에 찾아와 알싸한 그리움으로 드맑게 넘치더니 자리마다 벙글어 가는 따가운 볕 하늘빛 벼리어 푸르게 푸르게 붐비네 싱그런 생 '어이!' 하고 불러 함초롬 발 적셔도 좋을

  초록이 넓게 팔 벌려 우거지는 계절아

나도 인간이니

비늘이 있는 고기는 물속을 헤엄치고
깃털이 있는 새는 하늘을 나는데
그저도 없는 인간은
땅 위를 걷는가

매일을 걸어도 제대로 걷는 건지
그조차 모르고 엄벙덤벙 해작대는
나약한 존재의 슬픔 알아가는 하루에

참을 수 없는 것을 참으려는 아둔함도
참을 수 있는 것을 참지 않는 우매함도
아무것 아닌 것처럼
괄호 안에 가두고

육각형의 눈 내리는 세상의 뒤편에서
흑과 백, 수만 갈래의 음영을 헤치며
어설픈 기도의 끝에 비손하는 너란 '나'

신안의 여름

망중한 즐기는 1004섬 여름엔

이글대는 가지각색 스펙트럼 붐빈다
길가에 늘어선 칸나는 붉은빛
섬과 섬 점점 잇는 바다는 청옥빛
구릉의 울창한 초목은 진녹빛
농작물 키워내는 들녘은 황톳빛
또 하나 연륙교 건너면 노란빛
또 하나 연륙교 건너면 보랏빛
다양한 빛깔 창연한 섬과 바다 마을들

그 위로 솜사탕처럼 물개 구름 떠간다

엘도라도*에서

파도의 문장을 읽는 저녁 어스름
서녘 하늘 잿빛 구름 좁다란 사이로
검붉은 빛을 발하며 태양이 지고 있다

먼 데 바다에서부터 달려온 고행을
피 맺힌 절규인 양 한풀이 해대며
마침내 하얀 포말로 토해내는 어절들

태양도 바라만 볼 수 없는 심사였을까
갑자기 마른하늘에 섬광이 번쩍 댄다
깨닫네,
공감의 때를 표현하는 눈부심

*
전남 신안군 증도면 소재 리조트

그믐달에게 묻노니

열반을 향하는 도피안의 보살아

실눈 뜨고 바라보는 세상의 뒤안길

부처님 가피로 채운 은혜 가득 했더냐

파초 앞에서
– 나쓰메 소세키* 산방 뜰에 핀

돌돌 말린 심마다
한껏 펴진 잎마다

어떤 사연 품었기에
너울너울 초연한가

세월의 소용돌이에
의연한 너
닮고 싶다

*
일본의 소설가로 1,000엔 지폐에 초상이 실림

열대야

석양의 파편들

허공을 선회하며

수억의 불화살

지상으로 쏘아 댄다

따라서 세상 소음도

낮은 데로 눕는다

어떤 이의 웃음

한 생을 사느라 허덕지덕 거린 흔적
온몸에 미로 같은 주름살로 늘어가도
당당히 살았노라며 겸연쩍게 껄껄껄

이고 진 세월에 짓눌려 살던 날들
허리 펼 여유 없어 기역 자로 굽어가도
자식들 건사했으매 괜찮다고 후후후

이런들 어떠리 저런들 어떠리
소풍 온 듯 살다가 떠날 날 가까워도
아직은 웃을 수 있어 행복하다 허허허

아버지 생각
– 아버지 기일에

서너 잔 약주에 얼굴빛 불콰하면
습관처럼 되뇌며 고향 가고 싶다시던
아버지!
그립던 고향 잘 찾아 가셨나요

오늘은 기일 맞아 불초한 여식이
종헌한 제상의 아버지 영정 옆에
생전에 좋아하셨던 초가삼간* 올리며

황해도 고향에서 일찍 여읜 엄마 대신
어린 시절 키워준 큰 누님과 상봉하여
남매의 정 누리시길
두 손 모아 빕니다

*
가수 최정자 님의 노래

순댓국을 위한 조시弔詩

돈이라는 절대 신을 모셔야 대우받는

돈돈頓頓 대는 세상에서 돈豚으로 살았어도
대우하지 못했다만 길지 않은 생을 살다
보시한 내장 부속에 희비 고락 그러모아
다시 세운 발심을 받들어 주리니
구음口音의 언약은 하늘에 걸으마
제상祭床에 산해진미 진설하던 수고는 옛
도리소반에 나를 위해 올린 단 하나의
음식이 되어다오
오직 너만 원하노니
이유의 불문곡직을 불허하는 무례는
진심 다해 이름표 단 흠향으로 갚으마
우리 엄마 나를 갖고 입덧할 때마다
목 넘김 못하면서도 잡숫고만 싶었다던
이생 올 때 이은 연緣을 내생에도 이어주면
윤회의 새 세상 날 때 광명진언* 약속하마

*
옴 아모가 바이로차나 마하무드라 마니 파드마 즈바라 프라 바를
타야 훔 (세 번)

7월을 보다

제 생도 가늠 못 하는
우매한 인생이

한 생의 절반 떨군
달력 언저리에서

남의 생
기웃거리며
발등을 밟고 있다

타오른달* 비 갠 뒤

시원스레 뿌려대던

소낙비 그친 자리

분색한

일곱 빛깔 무지개 걸리니

염천에 붉던 자미화**

깔깔웃음 커진다

*
8월을 부르는 우리말

**
배롱나무꽃의 다른 이름

휴가지에서

생활의 복판에서
열심히 살다가
며칠간 여유 삼아
찾아가는 바닷가
그 저녁
백사장에서 해조음을 듣노라면

갈피 모를
혼란의 사념에서 깨어나니
그릇되고 삿된 편견
까무룩 멀어지고
안온한 시간의 쉼표
자박자박 밀려든다

삶

셀 수 없이 맞이하고
보내는 시간을

하 많은 곡절과
곡절로 채우며

각 다른 자신의 문양
직조하는 것이리

망초꽃

잡초만 몽용했던 길 건너 묵정밭

빗줄기 몇 차례 지나니 가을이다

툭 치면 미소 한 움큼 해맑게 네가 온다

여름이 지나는 길

　이제는 웃으며 보낼 수 있겠네

　계절이 짜 놓은 초록 그물 사이로 우주의 가슴이 풀어내는 바람 제법 사운 대는 걸 보니 햇덩이 품고 땀 뻘뻘 흘리며 꽃 초롱에 불 밝히던 시간 때론 아쉽겠지만 섭리의 미묘한 조화 속 씨줄 날줄 빗기며 휘이휘이 걸어가는 길 삶의 화두 풀지 못해 사유의 다락에 밤새 켜 둔 전등불 끄지 않아도 귀뚜라미 실 목청 따라온 가을은 어느새 고요를 베고 누워 다정한 잠을 청하고 있으니 바흐의 샤콘느*가 흐르는 차안과 피안을 오가며 어룽대던 날들

　이제는 정말 웃으며 보낼 수 있겠네

*
규범표시는 샤콘, 바로크 시대에 유행한 기악곡 형식으로 느린 3박자가 특징

3부

다붓이

보듬어
안아

엄마 생각
– 임진각 전망대에서

강 건너 장단 평야 어디쯤이었으리
일제의 공출에 가마니 짜 대느라
주린 배 졸라가면서 새끼줄을 꼬던 곳

손가락 핏물이 봉선화로 다시 펴도
꽃물 대신 눈물 매단 물 한 사발 들이켜던
내 엄마 유년 시절이 보릿고개 넘던 곳

무상한 세월의 뒤안길 따라서
독개다리 건너며 엄마 고향 그려 보니
빈들의 망초 무리만 바람결에 날리고

어스름 해넘이에 재우치는 귀갓길
마음 길게 세워둔 붉노을 그 너머로
엄마의 보름달 같은 얼굴 둥실 떠오네

태연사*

  생각의 복판에서 중심 없이 궁싯댈 때

  가장 먼저 향하는 곳 원근 없는 세상사 어느 하나 녹록할까만 경전 읽고 법문 들으면 어느새 마음엔 서원誓願 하나 우뚝 서고 삼독심三毒心은 고개를 숙이지 심지 약하여 이내 미혹에 빠지지만 삼보三寶의 인연 얻어 자리이타自利利他 행을 닦고자 발원하는 오늘

  부처님 전 길을 물어 등 하나 밝히네

---

*
경기도 화성시 정남면에 있는 사찰

배추의 독백

될성부른 나무의 떡잎인 줄 알았어

자라면서 나무가 아니란 걸 안 때부터
잎 잎에 서린 꿈을 폈다 접길 반복하며
지심 깊길 기도하는 푸른 합장 배웠지
세상의 희비에 전아典雅할 수 없어도
남루한 한 끼 밥상 찬이라도 되겠다는
일념으로 모진 풍파 견디며 살아온
초발심, 이 가을 기꺼이 밑동 내어주고

화엄의 하늘을 향한 만다라로 나툰다

상사화

가슴에 홍등 하나 밝히고 서 있다

속세 인연 벗어나야 꽃과 잎이 만날 수 있다는데 불꽃 일던 날들 동안 앞섶에 비 내리고 지붕 위로 해와 달 몇 번 지나니 그리워도 울음에 젖어도 체념하는 가을날

혼절한 붉은 넋 하나 애처롭게 모로 눕네

세월여류

나풋나풋 나릿물 따를 때는 몰랐어
낮꽃 핀 정오 지나 물길 뉘누리 치는
오후에 이르러보니 휩쓸려 온 걸 아네

머잖아 헛된 꿈들 제자리 찾아가고
노을 기댄 언덕에 서는 날 오면
해종일 마음 느즈러이 지낼 수 있을까

지나온 날 굼시름 깊었다 하여도
마지막 낙조엔 눈부시고 싶으니
희붐한 시간을 밝힌 오늘도 쉼이 없네

소귀봉 만추

삼각산 골골마다 들끓는 게 수상하다
바람이 자그락거리며 지나가면
잉걸로 타던 나뭇잎 우수수 떨어지고

가을빛 엉정벙정 무르익은 사이에서
청청한 신우대만 저 홀로 휘우듬
부처님 명호 들으며 만장 잇고 서 있으니

쓸쓸한 작별을 알기라도 했던 건가
화려한 수사 얹힌 잠깐 세월 회고하는
아득한 기약의 저편 허리안개* 감돈다

*
(순우리말) 산중턱을 에둘러 싼 안개

자시子時의 달

바로 서지 못한 생각 부딪는 하루의 끝
어칠 비칠 하다가 돌아와 앉은 자리
어둠에 등을 밝히는 훤한 미소 있었네

삐걱대는 관절들 너르게 누이고
초점 없는 시선으로 허공을 헤작대도
시간의 강에 닻 내려 바라보는 살가움

혼돈으로 질주하는 머리 풀린 생각과
잠포록한 마음마저 녹록하게 해 주고
다붓이 보듬어 안아 잠이 들게 해 주네

모자

욕망도 놓아라
집착도 놓아라

인생의 가을엔
그리해야 하느니라

그러나 쉽지 않으매
누름돌 하나 얹는다

여우 시집가는 날

햇빛이 쨍쨍하던 태기산 정상에서
억새들 춤사위 즐기는 띠구름
허공을 배회하더니 눈물비 쏟는다

얼레리 꼴레리 누구는 시집간대
꼴레리 얼레리 누구는 장가간대
축복의 갈채이런가 햇살비 내린다

격세지감
- 문자 안부

유난히 카톡 소리 분주한 아침결

답장하려고 휴대폰을 펼치다가 문득 연필에 침 묻혀 꾹 꾹 눌러 글 쓰던 어린 시절 생각나 단 웃음 웃다 보니

어즈버 오줄없던 세월 그리워지는구나

가을 여심

신작로 물들이던 은행나무 대여섯
공원길 태우던 단풍나무 예닐곱
화판에 옮겨 놓으니 여기 가을 깊어라

강아지풀 억새풀 개쓴풀 들국화
쑥부쟁이 바늘꽃 층꽃나무 수크렁
덤처럼 여백 채우니 여기 가을 고와라

먼 데 섬 지나는 갈바람도 오시오
마음 자락 만지는 내 임도 오시오
붓 자락 들고 예서서 붉는 여심 이쁘오

가을 한 잔

걸터앉은 툇마루 끝
개다리소반 놓고

국화차 우리는
유리 다관 속으로

포르르
뛰어든 햇살
참방참방 싱그레

서정적으로
– 들길에서

개미취 곱게 핀 들길을 걸으니

잠자리 편대로 날아와 호위한다

자연과 동화된 기쁨

푸른 언어 적는다

쥐똥나무꽃

말 없는 소요와
한낮의 아우성
보이지 않아도
느낄 수 있었지
지나는
길 곳곳에서
발목 잡는 짙은 향

모양이 범상하여
관심 없이 스치다가
천상의 향기를
몰라 준 미안함에
찾아본
이름 우스워
키득키득 웃고 간다

혼돈

　빗장 걸어 잠그고 돌아눕는 너머로

　햇살은 떨어져 다시 날 저무는데 한세월 잊고자 움켜쥔 언어는 깨어날 줄 모르니 손 내밀면 잡힐 듯 역광에 눈부신 꿈 백주대낮 배회하고 지루한 어둠은 새벽을 부른다 그래도 비전 없는 여정은 뒤척이는 몸짓으로 날겠다고 하건만 아직은 정직한 걸음마로 걷기부터 해야 하는 건 아닌지 언제부터

　걷지도 뛰지도 않고 날기부터 했던가

가을 시편
- 회상

붉덩물이 휩쓸고 지나간 들판을
망연히 바라보던 당신의 얼굴이
황금빛 너른 들녘에 미풍으로 오던 날

굳은살 박이도록 수고한 정성을
알기라도 한 듯이 땀방울 배인 이마
소중히 어루만지며 환한 미소 지었지

혼자가 아니니 걱정하지 말라며
궁상각치우로 불러주는 노랫가락
탈곡한 자루에 앉은 염화시중 저 부처

전생도 내생도 하루해 지난 듯
생애 깊은 적막도 주름 펴는 이름에
미상불 가득한 사랑 새삼 겨운 가을 녘

광교산

한남정맥 주봉으로 가부좌 틀고 앉아
긴 호흡 토하는 산객들 걸음에
무수히 지르 밟혀도 묵묵히 품습니다

오르막 있으면 내리막 있다는
굴곡진 인생 여로 달관한 겁파劫簸 침묵
그 안에 담긴 화두를 누구라서 알리오만

고르롭지 못한 산등성이 오르는
인연의 대열에서 걸음 하는 기쁨에
땀 흘린 보람의 의미 깨우치게 합니다

가을 낙엽

나무초리에 매달려 뒤척대던 은행잎
바람이 지나며 짓궂게 후후대니
결국엔 땅바닥으로 낙하하는 저 절명

저항과 무저항의 경계를 벗어나
눈부시게 푸르렀던 한 생을 마감하고
낯익은 노을 속으로 걸어가는 저 은유

뉘라서 합장으로 애도할 것인가
울창하게 자라던 기억의 숲 넘어
맨살의 시간에 기댄 해탈 열반 드나니

저녁 무렵

하늘 저편
설핏하게 기울던 석양놀
속세에 미련과 여운이 있는 걸까
나그네 가는 발걸음 놓아주질 않누나

토라진 여인의 상기된 낯빛처럼
동공에 머물러 쉬 떠나지 못하는
그 심사
다시 오겠단 말 없음의 표시일까

내일도 오늘처럼 만날 수 있다면
손에 쥘 수 없어 보내는 시간처럼
어물쩍 넘어가려고
어룽대지 않겠네

노을에 기대어

해 질 녘 법음으로 충만한 도량에서
서녘 하늘 태우는 노을을 보노라면
하심下心이 무엇인지를 나 스스로 깨치지

사바의 모든 중생 존비귀천 없다 하나
이마에 계급장 달고 사는 세상사
별스런 행태를 보며 소중하고 소중한

딱, 거기
거기까지 생각의 방향 바꿔
깨달음 가피 얻어 불이문 나올 적에
참나眞我를 찾는 길 위의 수행 정진 복되다

4부

느낌표

세운

매향리 일몰

매향리 저녁 바다 바라보고 있노라면
일몰도 작품이 된다는 걸 알게 한다
여운의 긴 그림자를 끌고 가는 저녁 해

느런히 나 있는 주변의 군상들이
불 밝히는 이야기로 수런수런 거릴 때
수평선 위로 흐르는 붉디붉은 노을 강

시가 되고 그림이 되고 노래가 되어
한편의 서사와 서곡이 완성되면
비로소 마음 안 빗장 풀린 소리 듣는다

세상을 두드리는 노래
- 길 위에서

  길 가다가 힘들거든 멈춰 서서 하늘 보자

  그리고 쉬었다는 마음 들 때 주변을 둘러보자 길은 처음부터 있지 않았지만 어디에나 있다 마음이 향하면 모든 게 길이 되는 세상에 새롭게 길을 내며 간들 남이 걸어간 길을 따라 간들 어떠랴 서툴러 비끼어 간 착오 있어도 마딘 날들 사이로 전류처럼 오는 울림 '삶의 주인은 나' 누구도 아닌 '나'이니 힘내서 가자고 슬픔 익어가는 사유思惟 위로

  넓게 편 인생 지도에 나침반을 올린다

길거리 바늘꽃

1
드난살이 길었다만
이제는 갈 곳마저
잃었더냐
고추 당초 아무리 맵다 해도
집 없는 시집살이만 못 할 텐데 애달프다

2
남몰래 품은 비수 허벅지 찔러댄들
뉘라서 알려는가
모질고 모진 세월
망연히 서서 센바람 맞는 가을 저물녘

3
든 자리는 몰라도 난 자리는 안다 했나
문지방 넘은 풍경 행간을 읽어내며
무시로 느낌표 세운 유년기의 기억들

떡볶이 명상

1
청춘의 초상이 저토록 붉은 걸까
탐진치의 아사리판 울뚝불뚝 끓어도
생명의 숨길 토하며 용융하는 저 화엄

2
날이 가고 해가 가도 변치 않는 기억의 길
그 길가 어느 가게 테이블 복판에
만두랑 순대랑 같이 사진처럼 박혔네

3
변화에 말 맞춘 새로운 모양새
로제 공주 입맛은 왜 그리 까다로운지
삼키기 서럽다 거든 물 마시라 일러라

백수의 푸념

발길에 채던 많은
일들은 어디 갔나
구들장에 등 붙이고
지내는 날 긴 데
저 홀로
버르적대는
하룻볕이 짧구나

한때는 일에 지쳐
쉬려고 했었다만
이제는 그립도록
추억하는 지난날들
뉘라서
두 손 모으는
간절함을 알리오

동자꽃 심서心緒
- 동자꽃에 담긴 전설 따라

끝끝내 못 뵈옵고
삼도천 건넜지만
다시 나 우러르는 불법승께 바칩니다
꽃부리 다섯 갈래에 아로새긴 붉은 넋

기다림의 세포들이 하나둘 스러지다
숨 멎던 날
아스라이 들려오던 목탁 소리
천상계 오른 법어로 갈신대던 묵언 기도

이제는 사의 밤도 두렵지 않습니다
산지 숲 곳곳마다 인각한 보살심
살그래
뒤돌아서서
볼 붉히는 미쁜 생

새벽 단상

긴 밤을 뒤척이다 일어난 어둑새벽
주전자의 찻물 끓여 더운 김 뿜으니
불현듯 두부 장수의 요령 소리 생각나

찬 공기 가르고 대문 앞에 나섰으나
이웃집 압력솥 딸깍대는 소리 크고
예 저기 목 빼고 찾던 모습 오간 데 없네

추억을 곱씹으면 나이가 드는 걸까
인생의 뒤울안에 머무는 소리 대신
헬 수도 없이 지나간 시간을 점오하네

그 여자의 시간

쓰디쓴 몰약 같은 시간을 삼킨 밤
풀 수 없는 화두를 머리에 두른 채
캔버스 펼치고 서서
붓질하는 이 있네

연록의 능선 위에 흰 구름 길게 띄우고
산벚꽃 하얀 넘어 장끼 두엇 노니는
봄 풍경 가득 채우고
애달프게 선 여인

이름할 수 없는 날들 읽을 수 없는 시간
기다리면 오롯이 톺아볼 수 있으련가
봉쇄된 가슴속 신음
붓끝으로 흐른다

모탕*의 독백

  한때는 하늘 향해 벋지른 웅자雄姿였지

  그런데 말이야 산이 눕고 달이 울던 어느 그믐 생과 사의 갈림에서 애착 내려놓으니 비로소 나 자신을 온전히 내어 줄 수 있게 되었어 보시라고 할 수 없어도 숙명이라고 여길 수 있기에 받는 것보다 주는 게 귀하다고 여길 수 있기에 온갖 굴레 감내하는 무념무상 그것만으로도 소임 다했으니 질곡에서 벗어나 자연으로 돌아갈 때 흙먼지 되어도 좋겠네

  남겨진 세월 속에서 웃을 수 있겠네

*
나무를 패거나 자를 때 밑에 받쳐 놓는 나무토막

비 오는 날의 추상抽象
– 희극인의 말을 빌려

어떤 이는
비가 오면 구질 거려 싫다 하고
어떤 이는
감성이 살아나서 좋다는데
각자의 취향쯤이야 누구라서 어쩔까만

이유 없이
불평을 입에 달고 사는 인생
한 시절 유행어를 빌려
"나가 놀아라"
진창에 우비 쓴 인생 툴툴대며 지난다

가을장마

줄금줄금 내리더니
댓줄기로 퍼붓는다

문턱까지 차오는
걱정거리 한 보따리

빛바랜 기억 사이로
불침번을 서고 있다

건망증

오래된 경전을
또 한 장 넘긴 듯

투미해진 머릿속
미로 같은 갈피 새로

반송된
기억의 단편
자위도는 생각들

겨울, 화담숲

　사선으로 떨어지는 다 저문 햇살을

　우듬지로 받아내는 저 숲 빛의 기울기에 따라 낯빛 바꾸며 신비한 언어를 게워낸다 해독할 수 없는 비문처럼 허연 표피에 새긴 비늘 같은 시간 야쿠티아 어디쯤에서 왔을 바람 앞세워 결기에 찬 고함을 지른다 우련한 아쉬움에 서성이는 나그네 심사 돌아보다가 휘는

　발길 뒤 도장밥 같은 노을 길게 늘인다

작지만 큰 기도

그리움이 새잎처럼 돋아나는 가을 문턱
다섯 식구 봉안당*에 들어 참배하다가
불현 듯 찾아낸 낯선 기억 같은 말을 듣네

"할아버지 우리 가족 잘 돌봐 주세요"
일부러 가르친 적도 시킨 적도 없는
다섯 살 손녀의 기도 가슴을 울린다

---

*
수원연화장 추모의 집

작지만 큰 기도 2

팔달문 추녀마루
대여섯 잡상들
달빛 조명 앞세워
노래잔치 벌이더니
문 안팎 수원시민들
안분지족 빈단다

대다수 사람은
제 안위 챙기느라
주변 볼 여유 없이
종종대며 사는데
고래古來로 자리 지켜온 짬인가
마음 크다

눈 오는 저녁

우아한 군무로 겹겹 내려앉는 자태

하루가 무거워도 펄펄 나는 저 시간

하늘은 빛깔을 바꿔 회색빛 물드는데

광망한 정적에 갇힌 나는 무얼 하나

가슴 안 누워 있는 이름들 모두 불러

무작정 달려 나가면 생기로 가득할까

채울 수도 비울 수도 없는 것들을 두고

머뭇대는 사이 마음엔 빗장 걸리니

자문이 없는 긴 푸념 옹두리로 커 간다

매듭달

눈발이 날리는 어둑한 저녁 무렵
키다리 떡갈나무 우듬지에 걸린 연 줄
시간을 풀고 당기며 줄다리기 연습하네

한 잔에 목 축이는 선술집 한쪽 벽면
마지막을 드러내는 빛바랜 달력 한 장
주객의 갈지자걸음 바로 걷게 만드네

저마다 삶의 궤적 갈무리는 한해의 끝
명암 서너 단계 높인 세월의 갈피 새로
어설픈 무용담들이 차곡차곡 쌓이네

저녁 광교 호수

망각의 선율로
흘러간 지난 시간

잔잔한 호면湖面 위로
되살아오는 듯

불구슬
반짝거리며
몰려드는 어스름

대비 對比

한 사흘 칼바람 불어 무장무장 추워지면
굽 도는 마을 어귀 솟대로 선 오리 한 쌍
긴 겨울 견딜 참살이에 우수사려 깊은데

하루를 누이는 어느 집 들창 안엔
등촉 환히 밝힌 아래 심드렁 배 두드리는
익숙한 밥그릇 동거 어랑어랑 어허야

해마다 만나는 여전한 계절이건만
서로 다른 마음으로 두 손 모으는 기도
흑암의 세간 무명에 등불 매단 간절함

설날 아침

하얗게 소복소복 눈 내린 새해 원단

까치가 울어 예니
기쁜 소식 오나 보다

올해도 소문만복래 만사성을 염원한다

시조 해설

월린 진순분

| 해 설 |

고유적 미의식과 올곧은 정도의 상징 지향성
김순천 시인의 시조 세계

월린 진순분 (시인, 칼럼니스트)

●

 문학의 역사 가운데 가장 오래된 생명력을 지녀온 것이 시 詩이다. 아름다운 인생을 위해 시 가운데서도 우리나라 전통성을 유지해 온 정형시는 시조時調이다. 시조는 시절단가음조時節短歌音調라는 명칭에서 유래되었다. 그 명칭에서 알 수 있듯이 그때의 '시절을 노래한다'라는 뜻이다.
 한 편의 시조는 그 형태 안에 언어, 율격과 비유 여러 요소를 내포하고 있다. 이러한 요소들이 유기적으로 결합됨으로써 한 편의 시조가 완성된다.
 시조와 시는 고도의 언어예술이다. 미술이 선과 색채로, 음악이 소리로, 도예가가 흙으로 이루어지는 예술이라면 시는 언어로 이루어지는 예술이라는 뜻이다. 시어로 선택된 언어들이란 내포적인 언어로서 함축적인 의미로 감정을 표현하는 정서를 환기하여 독특한 기능을 발휘하는 언어들이다.
 특히 시조에 쓰인 시어는 함축적인 언어로 무한한 상상력을 깨워 줄 수 있는 시어들이어야 한다. 즉 간결미, 절제미, 압축

성이 있어야 한다. 시는 언어를 통하여 아름다움을 표출하는 것으로 감정(감성)을 지성知性으로 걸러서 시를 써야 한다. 즉 주지시主知詩를 말하는데 감정보다는 지성을 더 중시하는 입장에서 쓰인 시라고 할 수 있다. 그렇다고 한쪽으로 치우친 감정 일변도와 지성 일변도도 좋지 않다.

현대시조는 한 마디로 '펼치고 맺었다 푸는' 삼장의 고유한 내재적 리듬에 따라 절제와 균형, 조화가 어우러진 우리 민족 시이다.

이러한 시조 쓰기로 아름다운 순우리말과 고유어를 갈고 닦아 첫 시조집을 출간하는 김순천 시인은, 이미 자유시로 2009년 월간 《모던포엠》으로 시 부문에 등단하고, 시집 『오후의 한때를 바라보다』와 『물의 독백을 적다』라는 두 권의 시집을 출간한 시인이다. 어느 날 시조를 쓴다고 하여 시조에 관심이 있는가보다 했는데, 2022년 《월간문학》에 시조 부문으로 등단까지 하여 모두를 놀래게 하였다. 그렇게 시조 장르에 입문하여 어느새 시조집을 출간하니 부지런히 창작에 임한 것을 알 수 있다. 누구에게도 내색하지 않으며 드러내지 않고 조용한 성품으로, 모든 일에 책임을 다하는 시인이란 걸 여지없이 보여주고 있음이다.

1 내면 의식의 불교적 성찰

삼각산 골골마다 들끓는 게 수상하다
바람이 자그락거리며 지나가면
잉걸로 타던 나뭇잎 우수수 떨어지고

가을빛 엉정벙정 무르익은 사이에서

청청한 신우대만 저 홀로 휘우듬
부처님 명호 들으며 만장 잇고 서 있으니

쓸쓸한 작별을 알기라도 했던 건가
화려한 수사 없힌 잠깐 세월 회고하는
아득한 기약의 저편 허리안개 감돈다

「소귀봉 만추」 전문

 이 작품은 만추의 계절에 삼각산의 골짜기마다 요동치는 기운이 감지되는 표현을 '수상하다'라고 한다. 중장에 바람이 "자그락거리며 지나가면"이라는 표현에서 청각적 이미지의 감각이 잘 살아나고 있다. 둘째 수 초장에서도 "가을빛 엉정벙정 무르익은 사이에서"의 '엉정벙정'시어는 쓸데없는 것들이나 말을 너절하게 벌여 놓은 모양을 뜻한다. 새롭게 시어를 찾아 쓴 노력의 흔적이 돋보인다.
 둘째 수 종장도 불교 상징인 '부처님 명호'와 '만장'을 통한 장면 묘사와 시적 분위기를 조성하고 있다. 이는 불교 의식의 신성함과 엄숙함을 강조하는 의미이다. 셋째 수 "화려한 수사 없힌 잠깐 세월"이란 표현은 인생의 찬란한 순간들도 결국은 덧없는 찰나에 불과함이다. '허리안개'는 불확실한 미래, 생과 사의 경계, 허무함의 상징이라고 볼 수 있다.

줄금줄금 내리더니 댓줄기로 퍼붓는다
문턱까지 차오는 걱정거리 한 보따리
빛바랜 기억 사이로 불침번을 서고 있다

「가을장마」 전문

단시조인 이 작품은 초장 첫 음보에서부터 '줄금줄금'이란 시어가 눈에 띈다. '줄금줄금'의 뜻은 비가 조금씩 자꾸 내렸다 그쳤다 하는 모양을 말한다. '댓줄기'로 퍼붓는다는 것은 갑자기 세차게 퍼붓는 것을 의미한다. 이 작품에서 감정의 변화가 암시되는 것은 중장에 "문턱까지 차오는 걱정거리 한 보따리"이다. 마음속의 우울, 근심, 빛바랜 기억이 이처럼 빗줄기로 형상화되고 있다. '불침번'은 잠들지 않고 견디는 존재, 즉 자신을 지키는 외로운 존재이다.

이 시조는 제목에서 암시하듯 일반적인 장마는 여름에 있지만, 가을장마는 시기적으로 이례적이고 불안정한 기상 현상이다. 화자는 감정적 혼란, 예기치 못한 걱정거리를 긴장감으로 그려내고 있다. 가을장마 속에서 걱정과 기억의 무게를 견디는 내면의 고요한 갈등과 성찰의 세계관이다.

2 회상을 불러오는 따뜻한 존재의 무게

붉덩물이 휩쓸고 지나간 들판을
망연히 바라보던 당신의 얼굴이
황금빛 너른 들녘에 미풍으로 오던 날

굳은살 박이도록 수고한 정성을
알기라도 한 듯이 땀방울 배인 이마
소중히 어루만지며 환한 미소 지었지

혼자가 아니니 걱정하지 말라며
궁상각치우로 불러주는 노랫가락
탈곡한 자루에 앉은 염화시중 저 부처

전생도 내생도 하루해 지난 듯
생애 깊은 적막도 주름 펴는 이름에
미상불 가득한 사랑 새삼 겨운 가을 녘

-「가을 시편- 회상」전문

  이 작품은 네 수짜리 연시조이다. 첫수 초장에 나오는 시어는 '붉덩물'이다. 붉덩물은 붉은 황토가 섞여 탁하게 흐르는 큰 물이다. 홍수(붉덩물)로 휩쓸린 들판과 그걸 바라보는 '당신'의 망연한 얼굴에서부터 시작해, '미풍으로 오던 날'은 그 인연의 따뜻한 기억을 불러오는 장면이다. 그 대상은 다시 황금빛 들녘과 미풍 속에서 나타난 듯이 회상의 이미지로 그려진다. 땀과 수고로 얼룩진 이마를 어루만지는 환한 미소와 "혼자가 아니니 걱정하지 말라"는 말과 함께 부르는 노래는 → 정서적 위안, 동반자의 사랑과 배려를 상징한다. "염화시중 저 부처"로 비유한 모습은 침묵 속에서도 마음을 전하는 경건한 장면이다. 마치 부처처럼 자애롭고 든든한 존재로 '당신'을 비유적으로 묘사한다.

  자연 속에서 되살아나는 그 회상은 고단한 삶 속에서도, 사랑과 위로로 감싸는 당신의 모습이기도 하다. 마지막 넷째 수는 "전생도 내생도 하루해 지난 듯"이라는 구절에서 삶 전체를 하루처럼 바라보는 불교적 관점을 담고 있으며, 미상불未嘗不 깊은 사랑과 감동이 늘 그 자리에 있었음을 깨닫는 순간이다. 그리고 그 모든 것을 깨닫는 시간은 성찰과 결실이 있는 '가을 녘'을 환기하는 계절의 회상이다.

> 그리움이 새잎처럼 돋아나는 가을 문턱
> 다섯 식구 봉안당에 들어 참배하다가
> 불현듯 찾아낸 기억 같은 말을 듣네
>
> "할아버지 우리 가족 잘 돌봐 주세요"
> 일부러 가르친 적도 시킨 적도 없는
> 다섯 살 손녀의 기도 가슴을 울린다
>
> ―「작지만 큰 기도」 전문

 이 시조는 가족의 그리움과 순수한 다섯 살 손녀의 기도를 통해, 삶과 죽음을 잇는 따뜻하면서도 상실의 슬픈 가족 사랑을 그려낸 작품이다. 가을 문턱에서 그리움이 새잎처럼 돋아나는 시기 → 그리움의 계절, 감성이 예민해지는 때이다. 화자는 가족과 함께 수원 연화장 추모의 집인 봉안당(유골을 모시는 장소)을 찾아 고인을 참배한다. 그곳에서 손녀의 기도를 들으며 깊은 울림을 받는다. 그것은 누가 가르쳐 주지도 않고 시키지도 않았는데 다섯 살 손녀가 뜻밖에도 "할아버지 우리 가족 잘 돌봐 주세요"라고 말하는 것이다. 어찌 어린아이가 어른의 마음을 그리 잘 알고, 돌아가신 할아버지께 우리 가족 잘 돌봐달라는 부탁을 다 할까? 그것은 남아있는 가족이 은연중에 그리워하고 애달파하는 그 심정을 손녀도 보면서 같이 느꼈을 것이다. 그렇게 어린 손녀는 가까이에서 피부적으로 호흡하고 뛰어놀면서도 무심결에 감정이입이 된 것이다.
 영국의 계관시인 윌리엄 워즈워스William Wordsworth(1770~1850)는 「무지개」라는 시에서 '어린이는 어른의 아버지'라고 노래했다. 참으로 아이의 영민함과 생각이 놀라우

면서도 감동으로 가슴이 아프게 저려온다. 특히 손녀의 기도 한마디가 세대와 생사를 넘어 감동을 전하는 장면은 이 작품의 백미라고 할 수 있다.

3   시간 너머 그리운 어머니

날 흐리고 눅눅한 바람이 불어온다

이런 날이면 "애미야! 개미장 섰다 비설거지 하자"라는 어머님 말씀 듣는다 부리나케 빨래 걷고 장항아리 뚜껑 닫고 고추 멍석 대충 말고 뒤쓰레질 한다 그리고 마당에 나가면 제 몸보다 몇 배나 큰 짐을 지고 줄지어 가는 개미들을 만난다 그런 후엔 영락없다 얼마 지나지 않아 후드득후드득 빗소리 들린다 지혜만으로도 현명하게 사셨던 어머님 나도 그 시절 나이에 머무는데 채반에 넌 고추가 빗물에 젖도록 모른 채 손녀와 노느라 정신 팔린 밤

"애미야" 불러주시던 어머님 음성 그립다

-「어머님 전언傳言」 전문

이 작품은 장형시조로 쓴 형식이다. 또는 사설시조라고도 한다. 삼장 중에 중장이 길어지는 형식이다. 실제 있었던 일을 나열하며 그때의 일을 실감 나게 그려놓았다. "애미야! 개미장 섰다 비설거지 하자"라는 말은 고부간이 참 정답게 느껴지면서도 재미가 있다. 옛 조상님들은 참 지혜로우셨다. 작은 생명도 예사로 보는 법이 없다. 작은 곤충인 개미가 큰 짐을 지

고 끝없이 줄지어 가는 행렬을 보면 어김없이 비가 온다고 한다. 그 말씀을 하는 분은 아마도 시모媤母인 듯하다.

  시적 화자는 청순한 며느리이면서 고분고분한 젊은 새댁이다. 부리나케 빨래도 걷고 열어놓은 장항아리 뚜껑 닫으며, 고추 멍석도 말아놓고 뒤쓰레질 하는 모습이 눈에 선하다. 그런데 문제는 이제 그 어머니는 안 계시고 시적 화자도 어느새 그때의 어머니 나이가 되었다는 것이다. 지금은 채반에 넌 고추도 잊어버리고 고추가 빗물에 젖어도 모른다. 이유는 손녀와 노느라 정신이 팔려있기 때문이다. 그것도 밤이 된 시간이다.

  이 시조는 어머니의 말씀인 "개미장 섰다"라는 구절에서 비가 올 징조를 알아차리는 자연과 조화된 어머니와 삶의 지혜를 상징한다. 종장에서 "애미야"라고 불러주시던 어머니의 그 음성을 그리워하는 화자의 마음이, 전체의 정서를 함축하는 중심 문장이 되고 있다.

    화장지를 칸 칸 뜯어 모서리 맞춘 후
    바구니에 차곡차곡 담아 놓는 팔순 노모
    대단한 일을 하신 듯 흡족하게 웃는다

    신문지도 포대 황지도 허투루 못 버리고
    아끼는 걸 습관처럼 허리띠 졸라매던
    젊은 날 삶의 단편이 뇌리에서 꿈틀댄다

    귀하게 꺼내지만 지금은 흔해진 것들
    가난이 옹이로 자란 고달팠던 흔적들
    기억 속 보물단지로 봉인된 지 이미 오래

바늘 돋는 가슴을 그러안고 살면서도
젊을 적 고생은 사서도 한다셨던
생기론 엄마 음성이 새삼 되우 그립다

-「하얘진 기억」 전문

이 작품의 제목 「하얘진 기억」은 세월과 함께 희미해진 과거, 또는 노모의 늙은 모습을 이중적으로 표현한다. 절약과 인내로 살아온 어머니의 인생을 회상하는 시인은, 팔순 노모가 화장지를 곱게 접어 바구니에 담으며 아주 작은 일에도 만족하는 모습을 바라본다. 신문지나 포대 누런 종이도 허투루 버리지 않던 어머니가 떠오른다. 우리들 어머니가 모두 그런 것처럼, 젊은 날 궁핍하고 절제된 삶의 흔적을 생각한다. 이제는 흔해진 물건이지만, 과거엔 보물 같았던 시절과 그런 기억을 떠올린다. 어머니의 절약과 강인함을 되새기며 젊을 적엔 "고생은 사서도 한다"라고 하시던 어머니 음성이 그리운 지금이다.

절약과 성실로 삶을 견뎌온 어머니에 대한 회상은 존경심과 그리움이다. 사소한 행동 속에 깃든 인생의 깊이와 모성의 힘이 잔잔하게 와 닿는다. 화장지를 접는 행위는 단순하지만, 어머니 삶의 방식과 태도를 상징한다. "기억 속 보물단지"는 과거의 결핍이 오늘의 귀중한 자산이 되었음을 암시하고 있다. "생기론 엄마 음성이 새삼 되우 그립다"라며 친정어머니에 대한 애틋한 심정을 그린 작품이다. 또한 지난날 생기로웠을 그 목소리를 그리워하고 있다.

4 이미지화의 시적 생동감

> 개미취 곱게 핀 들길을 걸으니
> 잠자리 편대로 날아와 호위한다
> 자연과 동화된 기쁨 푸른 언어 적는다
>
> -「서정적으로 - 들길에서」전문

 이 시조는 단시조이다. 연보랏빛 개미취가 곱게 핀 자연 속을 거닐며, 시적 자아가 느끼는 평화로움과 일체감으로 그려낸 작품이다. 그리고 그 감정을 기쁨으로 담아내어 밝은 분위기를 자아낸다. 짧지만 자연과 인간이 교감하는 서정적인 순간이 맑고 섬세한 언어로 표현되고 있다. 개미취는 소박하고 정겨운 느낌을 주는 꽃이다. 더군다나 "잠자리 편대로 날아와 호위한다"라니, 잠자리가 질서 있게 떼 지어 나는 모습을 표현한 것이 군대 용어인 '편대로'이다.

 종장은 자연과 하나가 된 상태에서 오는 순수한 행복이다. '푸른 언어'로 시적 표현을 했다. 푸르다는 것은 자연과 생명, 맑음과 젊음 등을 상징한다. 여기서는 자연의 언어, 또는 자연에서 우러나오는 감성의 언어인 이미지화로 해석할 수 있다.

 '적는다'라는 것은 그 기쁨을 글로 표현하는 행위, 즉 시를 쓰는 행위이다. 시인이 시를 쓰는 순간만큼 가슴 설레는 일이 또 있을까. 시적 자아는 자연의 경험과 감정을 글로 표현하면서 내면의 기쁨을 '푸른 언어'로 표현하고 있다. 즉, 이 시조는 단순한 산책의 기록이 아니라, 자연 속에서 바라보며 창작의 순간을 그리고 있다.

잡초만 몽용했던 길 건너 묵정밭

　　빗줄기 몇 차례 지나니 가을이다

　　툭 치면

　　미소 한 움큼

　　해맑게 네가 온다

　　　　　　　　　-「망초꽃」전문

　이 시조 역시 단시조로 쓴 작품이다. 외형상 짧고 단순하지만, 초장의 "잡초만 몽용했던"은 잡초가 어지럽게 수북한 모양을 말한다. "빗줄기 몇 차례 지나니 가을이다"라며 그 안에는 어느새 시간의 흐름이 전해진다. 이는 단순한 계절의 변화 이야기가 아니라, 시간이 마음을 바꾸고, '툭 치면'이란 '툭'이 주는 의성어의 느낌은 슬쩍 치는 소리나 모양인데, 작은 자극이 큰 감정을 일으킨다. "미소 한 움큼"이 '한 움큼'이란, 손으로 한 줌 쥔 분량이란 구체성을 띠어서 생동감이 느껴진다. "해맑게 네가 온다"라는 표현은 어떤가. 그늘이나 구김살이 없이 매우 맑은 분위기로 네가 온다는 것이다.

　누군가의 존재가 여전히 살아 있음을 느끼는 순간을 그린 시조이다. 그리고 그리운 존재의 환기가 담겨 있다.

5　내면의 고독과 삶의 겸허함

　　우아한 군무로 겹겹 내려앉는 자태

　　하루가 무거워도 펄펄 나는 저 시간

　　하늘은 빛깔을 바꿔 회색빛 물드는데

　　광망한 정적에 갇힌 나는 무얼 하나

가슴 안 누워 있는 이름들 모두 불러
무작정 달려 나가면 생기로 가득할까

채울 수도 비울 수도 없는 것들을 두고
머뭇대는 사이 마음엔 빗장 걸리니
자문이 없는 긴 푸념 옹두리로 커 간다

- 「눈 오는 저녁」 전문

 이 작품의 배경은 '눈 오는 저녁'의 적막한 시간이다. 눈송이가 "우아한 군무로 겹겹 내려앉는 자태"라는 표현은 시각적 이미지와 동시에 운율감을 준다. 둘째 수에서의 시적 화자는 "광망한 정적에 갇힌" 상태로, 외적 고요 속 내면의 소음과 마주한다. "가슴 안 누워 있는 이름들 모두 불러"는 잊고 지내던 감정, 관계, 기억을 다시 떠올리는 장면으로 읽힌다. "무작정 달려 나가면 생기로 가득할까"라는 표현은 현실의 고단함을 탈피하고자 하는 갈망이자, 삶의 활기를 다시 찾고자 하는 희망 섞인 의문이기도 하다.

 셋째 수 초장에 "채울 수도 비울 수도 없는 것들을 두고"라는 표현은 인간이 안고 사는 감정, 기억, 혹은 존재의 무게를 상징한다. "마음엔 빗장", "자문이 없는 긴 푸념"은 자아가 스스로와의 대화를 잃고 있다는 말로, 정체된 내면을 잘 보여준다.

 전체적으로 이 시조는 삶의 고단함 속에서 고요히 내면을 성찰하며, 다시 살아갈 방향을 모색하는 '사유의 시조'로 우리에게 생각을 던져준다.

한 사흘 칼바람 불어 무장 무장 추워지면
굽 도는 마을 어귀 솟대로 선 오리 한 쌍
긴 겨울 견딜 참살이에 우수사려 깊은데

하루를 누이는 어느 집 들창 안엔
등촉 환히 밝힌 아래 심드렁 배 두드리는
익숙한 밥그릇 동거 어랑어랑 어허야

해마다 만나는 여전한 계절이건만
서로 다른 마음으로 두 손 모으는 기도
흑암의 세간 무명에 등불 매단 간절함

-「대비對比」전문

 제목이 상징하는 '대비'는 단순한 시각적 대비를 넘어, 삶의 방식, 태도, 처지의 차이를 상징한다. 자연과 인간, 생존과 일상, 고요와 소란, 간절함과 무심함 등이 대비를 이루며 시조를 이끌어간다.
 첫수 '칼바람'이나 '솟대', '오리 한 쌍'의 풍경은 겨울의 '무장 무장'에 이르러 '갈수록 더 많이'란 뜻으로 차디찬 긴 겨울 풍경의 모습을 그려놓고 있다. '참살이'는 단순한 생존이 아니라, 의미 있는 삶이나 깨어 있는 삶의 태도를 뜻하기도 한다.
 둘째 수 중장에서 "등촉 환히 밝힌 아래 심드렁 배 두드리는"의 표현으로 따뜻한 집안에서 안락한 생활을 꿈꾼다. 저녁을 든든히 먹고 나서 느긋하게 쉬고 있는 모습이 그려지며 여유롭고 평화로운 정서가 치환된다. 더군다나 "익숙한 밥그릇 동거 어랑어랑 어허야"라는 대목에서 '익숙한 밥그릇'은 매일

같이 쓰는 정겨운 생활의 일부인 밥그릇이다. 일상성과 가정적인 온기가 묻어나는 표현이다. 가족 혹은 공동체를 의미한다. '어랑어랑 어허야'라는 타령조가 추임새처럼 들어가 흥겹게 어깨춤이 나올 듯한 표현이다.

이 타령조의 이름은 후렴 '어랑어랑'에서 따온 것이다. 개화기 때의 노래로, 함경도 지방의 신민요인데 '어랑타령'이라고도 한다. 어랑은 단순한 추임새가 아니고 함경북도에 있는 실제 지명인 어랑군을 의미한다. 〈신고산타령〉이라고도 하는데, 신고산은 함경남도 안변군 고산면 일대에 새로 기차역이 생기면서 형성된 동네이다. 가사 첫머리의 "신고산이 우루루……"에서 따온 것이다. 신고산은 서울과 원산을 잇는 경원선의 한 기차역 이름이었다.

셋째 수에서 해마다 찾아오지만, 같은 계절과 같은 시간 속에서도, 사람들은 제각기 다른 고통과 바람을 안고 살아감을 이야기한다. 그 안에서 기도하고, 빛을 찾아 살아가는 존재라는 점을 담담하게 그려낸다. 세상은 '흑암'이지만, 그 안에 '등불'을 매다는 간절함이 있다. 이 시조는 전체적으로 자연의 반복성과 두 손 모아 기도하는 행위의 인간적인 보편성이 있다. "흑암의 세간 무명에 등불 매단 간절함"은 모든 존재가 저마다 어둠 속에서 빛을 구하는 존재임을 상기시킨다. 삶의 겸허함과 희망을 드러낸다.

지금까지 김순천 시인의 첫 시집을 정독하며 의미를 새겨보았다. 시인은 정형시로써 시조의 율격을 살리면서도, 편 편마다 새로운 시어를 쓰려는 노력의 흔적이 엿보였다. 특히 토속적이면서도 아름다운 순우리말 시어를 골라 쓰고 있음이 증명되었다. 운문에서는 일상어를 사용하기는 하지만 그 의미와 성격은 실제 쓰이는 표현과 조금 다르다. 시어는 함축적인 의미를 지니고 있으며 음악적인 리듬도 갖추고 있다. 상상력을 동원해서 읽으면 형상성마저 느낄 수 있는 것이다. 시어는 일상 언어와 형태는 같을지 몰라도 그 쓰임새는 다른 것이기 때문이다. 시어를 배치할 때는 보색(반대색)은 역동성(대립)을 주고 동색同色은 안정된 느낌을 주나 뜻이 가까운 것끼리 배치하면 힘이 없어진다.

전체적으로 작품 중심 사상의 흐름인 모티프는 고유적 미의식과 올곧은 정도를 걷는 상징성을 지향하고 있으며, 작품의 미적 거리를 조정하는 메타포가 있다면 더 한층 작품성이 빛날 것이다.

첫 번째 주제에서는 내면 의식의 불교적 성찰로 작품을 보았다. 두 번째 주제는 회상을 불러오는 따뜻한 존재의 무게를 발견하였다. 세 번째는 시간 너머 그리운 어머니를 불러보는 애틋한 사유를 되새겼다. 네 번째는 이미지화의 시적 생동감을 포착했다. 다섯 번째는 내면의 고독과 삶의 겸허함을 밝혀냈다.

시조에서 가장 중요한 것은 종장이다. 삼장 중에 종장의 의미를 잘 새기고 음보 역시 잘 나누어 정갈한 시조가 되도록 힘써야 한다. 나이가 든 사람이면 누구나가 다 알겠거니와 옛날 밤을 새워가면서 잣던 할머니의 물레질, 한 번 뽑고(초장), 두 번 뽑고(중장), 세 번째는 어깨너머로 휘갂 실을 뽑아 넘겨 두루룩 꼬투마리에 힘껏 감아 주던(종장) 것이라는 비유를 말씀하신 분은 백수 정완영 선생이다.

요즘의 현대시조는 시조라는 정형의 그릇에 자유로운 내용의 노래를 담는 것이다. 시조는 쉽게 쓰면서도 결코, 가볍지 않은 문학적 깊이와 무게를 실어야 하는 것을 유념해야 한다.

시의 행간에 시인이 체험한 인생의 무게, 삶의 철학을 담아내야 한다는 말이다. 그러한 궤도에 오르려면 현대시조 작품을 많이 읽는 것도 중요하다. 중국 청나라 원매(袁枚 1917-1797)는 "시를 많이 읽으면 운명이 아름다워진다"(多讀詩書命亦佳)라고 하였다. 이런 말처럼 지금까지 시는 인류의 가슴에 아름답게 남아있고 시는 모든 문학 장르 중의 꽃이라고 한다.

이렇게 겸손한 자세로 세상에 첫 시조집을 출간하는 김순천 시인은 앞으로도 민족시라는 정체성에 부합하여, 전통성을 계승하면서도 현대의 의미를 담아내어 시조의 꽃을 활짝 피우기를 바라는 마음이다.

누구나 첫 시조집의 의미는 그 어느 것보다 크고 설렘의 느낌으로 다가온다. 그것은 열심히 창작해 온 본디 예술적 미학의 보람이자 기쁨의 산물이기도 하다. 이제 두 장르인 시와 시조를 다 섭렵한 시인은, 성큼성큼 앞으로 나아가기 위하여 더욱더 매진하리라 믿는다.

언제나 차분하고 조용한 성품으로 바르게 생활해 온 시인의 모습처럼, 의미 깊은 첫 시조집을 읽을 때마다 우리는 "시를 많이 읽으면 운명이 아름다워진다"(多讀詩書命亦佳)라는 글귀를 다시금 되새겨 보게 된다.

시인의 말

해가 지는 것을 본다
세상의 사잇길 굽잇길 높고 낮은 가림 없이
제 할 일 다 하고
진양조장단으로 저무는 빛의 사위
정토를 향한 보리심菩提心이듯 장엄하다

엉세판에 애면글면 살아도
의초롭게 시비 없이 살아도
마지막 길은 이렇게 가는 거라며
보여주는 듯한 행보
나만 갖는 느낌일까

저마다 풍미했던 시절 다르고
가슴에 쓰는 들숨과 날숨의 문장이
유탈되는 순간 다를지라도
주어진 공전과 자전 그 안에서
열심히 살라는 무언의 메시지라면

생애의 에필로그를 어떻게 쓸 것인가에
생각이 머문다

저녁 풍경이 훌쩍 지난다
앞선 시간들 상기된 기억들 별로 뜬다
느슨해지는 생의 허리 곧게 편다

김순천 詩 '석양 아래서' 전문

해가 지는 것을 보다가 지난 날을 돌이켜 봅니다.

세월 거슬러 수년 전, 삶의 축이 흔들려 맥 놓고 있는 동안에도 겨우 할 수 있었던 건 마음을 적는 일이었습니다. 지금도 그즈음 고착된 사유에서 자유롭진 않으나 모은 마음 조각들을 시조라 이름 하여 첫 시조집을 엮는 이 가을, 여러모로 부족하지만 다시 선 나를 격려해 주고자 행로에 밑줄을 치며 다독다독 걸음을 옮깁니다. 의지하는 가족과 살펴주는 친지, 문우님들께 감사드립니다.

2025년 10월
김순천

샘물 시조 시인선 102
석양 아래서